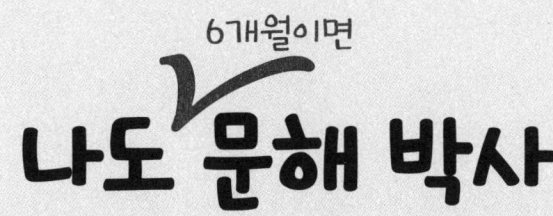

지은이 _ **강병재**

《문맥읽기의 짜릿함》,《나도 3개월이면 문장박사》,《나도 3개월이면 문맥박사》,《생각이 자라나는 토론수업》,《토론=디스커션+디베이트》 등을 썼다.

나도 문해 박사 (6개월이면)

읽기능력 향상 프로그램 ③

펴낸날 | 2020년 11월 27일

지은이 | 강병재

편집디자인 | 이남희, 석화린
삽화 | 권경은

펴낸곳 | (주)서감도
출판신고 | 제2018-000119호
주 소 | (04000) 서울시 영등포구 선유동2로 57 이레빌딩 16층
도서 및 교육 문의 | 070-7778-8688 팩 스 | 02-6935-1318
전자우편 | seogamdo@gmail.com
홈페이지 | www.seogamdo.com
카카오톡 플러스친구 | @서감도

강병재 ⓒ 2020
ISBN 979-11-964009-4-1 (64700)
ISBN 979-11-964009-0-3 (세트)

잘못된 책은 바꾸어 드립니다.
책값은 뒤표지에 있습니다.

* 저작권법에 따라 보호받는 저작물이므로 무단 복제 및 무단 전재를 금합니다.

6개월이면

나도 ✓문해 박사

읽기능력 향상 프로그램 ③

강병재 지음

서감도

행복한 읽기의 세계로 들어가며

❔ 위 시계를 보고 물음에 답해 보세요.

시계를 왜 보여 주었을까요?

네, 지금이 10시 10분이라는 것을 알려주고 싶었기 때문일 것입니다.

그런데 지금이 10시 10분이라는 뜻 이외에 다른 뜻이 있기도 합니다. 예를 들어, 시간이 얼마 남지 않았으니 빨리 서둘러 달라는 뜻일 수도 있습니다. 아니면 오히려 시간 여유가 있으니 천천히 해도 된다는 뜻일 수도 있습니다.

글을 읽는 법도 이와 비슷합니다. 10시 10분이라는 사실이 반드시 전달하려는 뜻이 아닐 수 있습니다. 그 뜻을 정확하게 알려면 해석해야 합니다. 그 방법은 문장의 뜻과 문맥을 이해하는 과정에 있습니다. 그리고 그 뜻을 우리는 주제라고 합니다. 글을 읽는다는 것은 주제를 읽는다는 것입니다.

읽기능력 향상 프로그램은 문장 읽기, 문맥 읽기, 글읽기 편으로 구성되어 있습니다. 이 책은 글읽기 편입니다. 이를 위해서는 문장 읽기와 문맥 읽기를 할 줄 알아야 합니다. 아무쪼록 잘 익혀서 재미있는 이야기가 아주 많은 행복한 읽기의 세계로 여행을 떠나 보세요!

차례

제1화	우리가 글을 읽을 때까지		011
	배움 놀이터 … 013	익힘 놀이터	020

제2화	글이 무엇일까		025
	배움 놀이터 … 027	익힘 놀이터	031

제3화	글의 주제가 무엇일까	037
	배움 놀이터 039 익힘 놀이터 047	

제4화	글의 주제문을 찾는 아주 쉬운 방법	053
	배움 놀이터 055 익힘 놀이터 063	

제5화	글의 주제문 읽기 _ 첫째, 줄글		067
	배움 놀이터 069	익힘 놀이터	075

제6화	글의 주제문 읽기 _ 둘째, 문서글		079
	배움 놀이터 081	익힘 놀이터	086

제7화	글의 주제문 읽기 _ 셋째, 그림글·표글·그래프글			089
	배움 놀이터	091	익힘 놀이터	098
제8화	글 고쳐 읽기 _ 읽고, 이해하고, 기억하고			107
	배움 놀이터	109	익힘 놀이터	119
해설				131

제 1 화

우리가 글을 읽을 때까지

제1화 우리가 글을 읽을 때까지

글을 읽으려면 글자를 알아야 하며, 낱말도 알아야 하고, 문장도 알아야 하고, 문맥도 알아야 합니다. 글자, 낱말, 문장, 문맥 등 4가지 모두 정확하게 읽었을 때 비로서 글의 주제를 이해할 수 있습니다. 글을 읽고 이해하고 어떤 문제를 해결하는 능력이 문해능력입니다.

 노트 여러분의 생각은 어떻습니까?

글의 주제를 이해하려면 글자, 낱말, 문장, 문맥을 제대로 읽어야 합니다.

미리 보기. 배움 놀이터. 그림 보며 놀기

◉ 아래 그림을 보고, 그림에서 말하고 싶은 것이 무엇인지 상상하여 적어 보자.

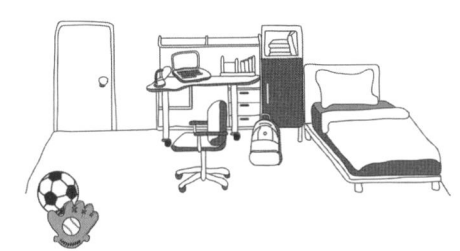  

혼자서도 잘 해요  집에서 안 쓰는 물건들을 가지고 나왔다. 벼룩시장에서 판매했다. 자동차를 타고 놀러갔다. 이렇게 상상할 수 있습니다. 이때 하고 싶은 말은 무엇일까요? 집에 있는데 심심했다. 엄마랑 벼룩시장에 가서 구경했다. 자동차를 타고 집으로 돌아 왔다. 이렇게 상상할 수도 있습니다. 이때 하고 싶은 말은 무엇일까요? 이렇게 상상해 보고, 하고 싶은 말이 무엇일까 적어 봅니다.

배움 놀이터. 그림 보며 놀기 ①

◉ 아래 그림을 보고, 그림에서 말하고 싶은 것이 무엇인지 상상하여 적어 보자.

배움 놀이터. 그림 보며 놀기 ②

⦿ 아래 그림을 보고, 그림에서 말하고 싶은 것이 무엇인지 상상하여 적어 보자.

  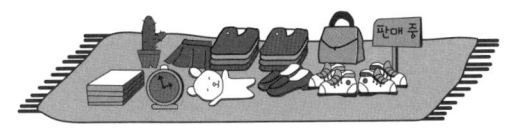

미리 보기. 배움 놀이터. 글 보며 놀기

⦿ 아래 글을 보고, 글에서 말하고 싶은 것이 무엇인지 생각하여 적어 보자.

> 날씨가 좋았다. 나는 산책을 나왔다. 거기서 친구를 만났다.

혼자서도 잘 해요 날씨가 좋았다. 그래서 나는 산책을 나왔다. 그리고 거기서 친구를 만났다. 이렇게 세 가지 모두 말하고 싶은 것입니다. 그런데 그 중에서 가장 하고 싶은 말이 무엇일까요? 날씨가 좋았다, 이것일까요? 나는 산책을 나왔다, 이것일까요? 거기서 친구를 만났다, 이것일까요? 우리가 친구들과 많은 이야기를 하지만 모두가 꼭 해야하는 말과 그렇지 않은 말이 있는 것처럼 글에서도 꼭 하고 싶은 말이 있습니다. 다시 한 번 읽어 보고 곰곰 생각해 보세요.

배움 놀이터. 글 보며 놀기 ①

◉ 아래 글을 보고, 글에서 말하고 싶은 것이 무엇인지 생각하여 적어 보자.

> 책을 펼쳤다. 운 좋게도 어제 읽다 멈춘 곳이다. 다음 이야기를 기대하며 읽기 시작했다.

배움 놀이터. 글 보며 놀기 ②

⦿ 아래 글을 보고, 글에서 말하고 싶은 것이 무엇인지 생각하여 적어 보자.

우리반 모두 함께 영화를 보았다. 공상과학이었다. 총 상영 시간이 3시간 정도 되는 긴 영화였다.

다시 보기

글을 읽었다면 글의 주제를 알아야 합니다.

글의 주제를 알려면 글자, 낱말, 문장, 문맥을 제대로 읽어야 합니다.

글은 주제를 알려 주기 위한 것입니다.

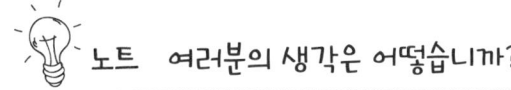 노트   여러분의 생각은 어떻습니까?

글을 읽는 목적은 주제를 아는 것입니다.

익힘 놀이터. 그림 보며 익히기 ①

◉ 아래 그림을 보고, 그림에서 말하고 싶은 것이 무엇인지 상상하여 적어 보자.

익힘 놀이터. 그림 보며 익히기 ②

⊙ 아래 그림을 보고, 그림에서 말하고 싶은 것이 무엇인지 상상하여 적어 보자.

익힘 놀이터. 글 보며 익히기 ①

◉ 아래 글을 보고, 글에서 말하고 싶은 것이 무엇인지 생각하여 적어 보자.

사과나무에 사과가 열렸다. 군데 군데 푸르스름한 것으로 보아 사과는 덜 익은 것 같다. 풋사과다.

익힘 놀이터. 글 보며 익히기 ②

◉ 아래 글을 보고, 글에서 말하고 싶은 것이 무엇인지 생각하여 적어 보자.

눈이 펑펑 내린다. 우리집 강아지가 무척 좋아한다. 펄펄 날아 오른다.

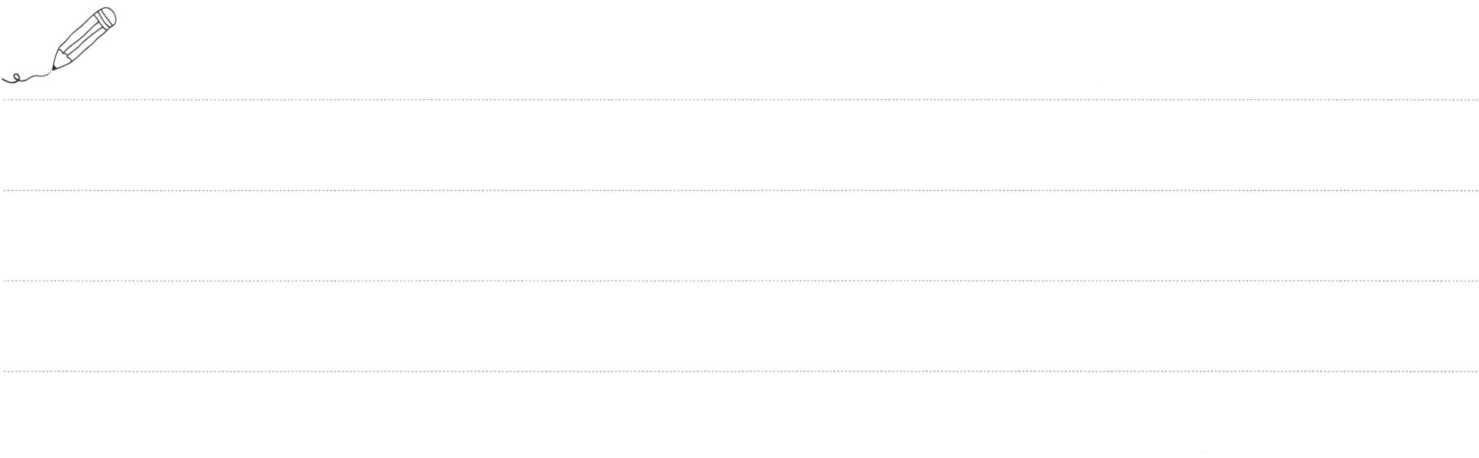

제 2 화

글이 무엇일까

제2화 글이 무엇일까

글이 무엇일까요? 낱말, 문장, 문맥, 문단, 단락 등과 어떻게 다른 것일까요?

낱말이 무엇을 가리키는 것이고, 문장이 뜻을 담은 것이라면, 글은 주제가 있는 것입니다.

글은 모양이 다른 것이 세 가지나 되고, 읽는 법이 다릅니다. 그래서 글의 모양을 잘 보아야 합니다.

노트 여러분의 생각은 어떻습니까?

글은 종류에 따라 읽는 법이 다릅니다.

미리 보기. 배움 놀이터. 글 구별하며 놀기

◉ 아래 보기에서 글의 종류가 다른 것을 찾아 글의 이름을 적어 보자.

① 소설　　　② 체험활동 보고서　　　③ 상장

혼자서도 잘 해요 　예시 글 모두 글입니다. 이 중에서 글의 종류가 다른 것이 무엇일까요? 글의 종류가 다르다는 것은 글의 모양이 다른 것입니다. 어떻게 생긴 것인지 기억을 떠올려 보세요. 재미있게 읽은 소설, 즐겁게 다녀왔던 이야기를 담은 체험활동 보고서, 받아서 기분 좋았던 상장, 이제 기억나지요? 그런데 이런 글들에게 이름이 있다고요? 자주 쓰지 않은 이름이지만 이름이 있답니다.

배움 놀이터. 글 구별하며 놀기 ①

◉ 아래 보기에서 글의 종류가 다른 것을 찾아 글의 이름을 적어 보자.

| ① 수필 ② 설명문 ③ 출석부 |

배움 놀이터. 글 구별하며 놀기 ②

◉ 아래 보기에서 글의 종류가 다른 것을 찾아 글의 이름을 적어 보자.

① 시   ② 일기   ③ 성적표

다시 보기

글은 모양에 따라 줄글, 문서글, 그림글·표글·그래프글로 구분합니다.
그림글은 글의 내용을 직접 보여주는 것으로, 글을 돕습니다. 표글과 그래프글은 숫자를 표현하는 글입니다.
줄글과 문서글을 비교하면 그림글·표글·그래프글은 글처럼 보이지 않지만 주제가 있기 때문에 글입니다.

 노트   여러분의 생각은 어떻습니까?

그림글, 표글과 그래프글도 주제가 있는 글입니다.

익힘 놀이터. 글 구별하며 익히기 ①

◉ 아래 보기와 같은 줄글을 찾아 줄글의 이름을 적어 보자.

| 논술 |

익힘 놀이터. 글 구별하며 익히기 ②

◉ 아래 보기와 같은 문서글을 찾아 문서글의 이름을 적어 보자.

| 입학원서 |

익힘 놀이터. 글 구별하며 익히기 ③

⊙ 아래 그림으로 그림글을 적어 보자.

익힘 놀이터. 글 구별하며 익히기 ④

◉ 아래 보기와 같은 표글을 찾아 표글의 이름을 적어 보자.

수업 시간표

익힘 놀이터. 글 구별하며 익히기 ⑤

◉ 아래 보기와 같은 그래프글을 찾아 그래프글의 이름을 적어 보자.

| 막대 그래프 |

제 3 화

글의 주제가 무엇일까

제3화 글의 주제가 무엇일까

글의 주제가 무엇일까요? 주제가 말, 글, 연구 등의 중심생각이니 글의 주제는 글의 중심생각입니다.
글의 주제는 주제문으로 표현합니다. 그러니 글의 주제문을 읽는 것이 중요합니다.
하고 싶은 말이 하나일 때도 있고 여러 가지일 때도 있으니 구별해서 잘 읽어야 합니다.

💡 노트   여러분의 생각은 어떻습니까?

글의 주제는 글에서 꼭 하고 싶은 말로 주제문에 있습니다.

미리 보기. 배움 놀이터. 그림 보며 놀기

◉ 아래 그림에서 주제문이 오른쪽 그림이라고 할 때, 상상을 적어 보자.

혼자서도 잘 해요   화장실 안내 팻말을 보았다는 것이 꼭 하고 싶은 말이라고 가정해 보겠습니다. 그러면 위 그림을 보고 다음과 같이 상상할 수 있습니다. 승강기가 고장 났다. 하는 수 없이 비상구로 내려 왔다. 드디어 내가 찾던 화장실 안내 팻말이 보였다. 이렇게 상상할 수 있습니다. 이렇게 상상해 보고, 꼭 하고 싶은 말을 적어 봅니다.

배움 놀이터. 그림 보며 놀기 ①

◉ 아래 그림에서 주제문이 오른쪽 그림이라고 할 때, 상상을 적어 보자.

배움 놀이터. 그림 보며 놀기 ②

◉ 아래 그림에서 주제문이 오른쪽 그림이라고 할 때, 상상을 적어 보자.

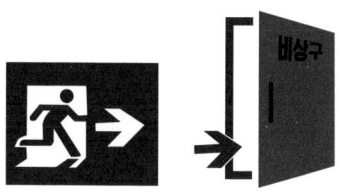  

미리 보기. 배움 놀이터. 글 보며 놀기

◉ 아래 세 문장으로 글을 쓴다고 할 때, 이 글의 주제문을 적어 보자.

사람들이 웃었다. 사람들이 모두 모였다. 사회자가 멋진 농담을 했다.

혼자서도 잘 해요 세 문장을 각각 1, 2, 3번 문장으로 보면, 세 문장으로 글을 쓰는 방법은 모두 6가지입니다.(1, 2, 3 / 1, 3, 2 / 2, 1, 3 / 2, 3, 1 / 3, 1, 2 / 3, 2, 1) 그런데 농담을 하고 웃는 것이 자연스럽기 때문에 2, 3, 1의 순서여야 합니다. 그러므로 주제문은 1번 문장입니다.

배움 놀이터. 글 보며 놀기 ①

◉ 아래 세 문장으로 글을 쓴다고 할 때, 이 글의 주제문을 적어 보자.

| 내일 친구와 만나기로 했다. 전화가 왔다. 친구가 내일 만나자고 했다. |

배움 놀이터. 글 보며 놀기 ②

◉ 아래 문서글에서 글의 주제문을 적어 보자.

| 졸업증서 |

배움 놀이터. 글 보며 놀기 ③

◉ 아래 표글에서 글의 주제문을 적어 보자.

(단위: 개)

구분	바나나	사과
3월 수입	1	1
4월 수입	10	2

다시 보기

글의 주제문은 줄글에도 있고, 문서글에도 있고, 그림글·표글·그래프글에도 있습니다.
특히 그림글·표글·그래프글은 글로 보는 것에 익숙하지 않아 주제문이 있다는 것을 잊곤 합니다.
그래서 그림·표·그래프는 그림글·표글·그래프글처럼 뒤에 글을 붙여 읽으면 좋습니다.

노트   여러분의 생각은 어떻습니까?

글의 주제문는 줄글에도 있고, 문서글에도 있고, 그림글·표글·그래프글에도 있습니다.

익힘 놀이터. 그림 보며 익히기 ①

◉ 아래 그림에서 주제문이 오른쪽 그림이라고 할 때, 상상을 적어 보자.

  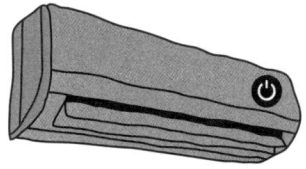

익힘 놀이터. 글 보며 익히기 ②

◉ 아래 세 문장으로 글을 쓴다고 할 때, 이 글의 주제문을 적어 보자.

> 기차는 2시 정각에 출발했다. 지금 오후 1시다. 나는 기차역에 1시 30분에 도착했다.

익힘 놀이터. 글 보며 익히기 ③

◉ 아래 문서글에서 글의 주제문을 적어 보자.

학생증

익힘 놀이터. 글 보며 익히기 ④

⊙ 아래 그림글에서 글의 주제문을 적어 보자.

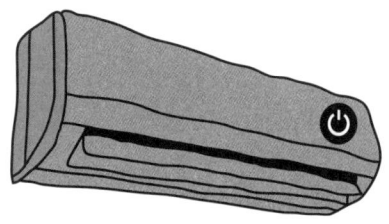

배움 놀이터. 글 보며 익히기 ⑤

◉ 아래 표글에서 글의 주제문을 적어 보자.

(단위: 원)

구분	연필	공책
가격	1000	2000

익힘 놀이터. 글 보며 익히기 ⑥

⊙ 아래 그래프글에서 글의 주제문을 적어 보자.

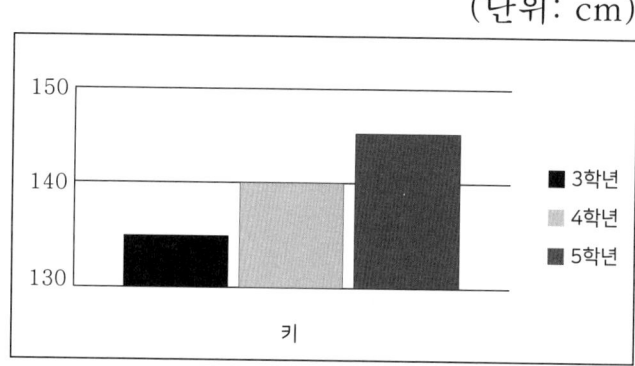

그래프 1. 2년 간의 평균 성장 길이

제 4 화

글의 주제문을 찾는 아주 쉬운 방법

제4화 글의 주제문을 찾는 아주 쉬운 방법

우리가 시간을 보는 것은 시간 때문만이 아니라 어떤 일에 필요한 시간을 가늠하기 위한 것이기도 합니다.
시간을 보는 것은 [문장]을 읽는 일이며, 시간을 보고 생각하는 것은 [문맥]을 읽는 일입니다.
시간을 보는 것은 어떤 일을 하려는 것으로, 글로 보자면 결국 [주제문]를 찾으려는 것입니다.

 노트   여러분의 생각은 어떻습니까?

문장의 뜻과 문맥의 결과를 읽어 글의 주제문을 찾습니다.

미리 보기. 배움 놀이터. 그림 보며 놀기

◉ 아래 그림에서 주제문을 상상하고, 주제문으로 상상한 이유를 적어 보자.

혼자서도 잘 해요 사과 하나, 둘, 셋을 차례로 그린 그림입니다. 이 그림의 주제는 무엇인지 알 수 없지만 상상할 수는 있겠지요? 사과의 개수가 하나씩 늘어나는 것은 분명합니다. 그래서 이 그림의 주제를 사과가 하나씩 늘어나는 것으로 할 수 있습니다. 그런데 그렇게 볼 수 있는 이유는 그림이 사과인 것과 그것이 하나씩 늘어나는 것이 분명하기 때문입니다. 이렇게 상상해 보고 이유를 적어 봅니다.

배움 놀이터. 그림 보며 놀기 ①

◉ 아래 그림에서 주제문을 상상하고, 주제문으로 상상한 이유를 적어 보자.

배움 놀이터. 그림 보며 놀기 ②

◉ 아래 그림에서 주제문을 상상하고, 주제문으로 상상한 이유를 적어 보자.

미리 보기. 배움 놀이터. 글 보며 놀기

◉ 아래 글에서 주제문을 찾고, 주제문으로 찾은 이유를 적어 보자.

> 연필 두 자루를 샀다. 한 자루를 친구에게 줬다. 한 자루가 남았다.

혼자서도 잘 해요 주제문이 무엇일까요? 먼저 문장의 뜻을 정확하게 읽어야 겠지요? (나는) 연필 두 자루를 샀다. (나는) 한 자루를 친구에게 줬다. (연필) 한 자루가 남았다. 그리고 첫 번째 문장과 두 번째 문장의 문맥, 그리고 그 결과와 세 번째 문장의 문맥을 읽어야 겠지요? 샀고, 줬고, 그래서 남았으니 결과는 마지막 문장입니다. 그것이 주제문이지요?

배움 놀이터. 글 보며 놀기 ①

⦿ 아래 글에서 주제문을 찾고, 주제문으로 찾은 이유를 적어 보자.

나를 부르는 소리가 났다. 뒤를 돌아다 보았다. 이상하게 아무도 없었다.

배움 놀이터. 글 보며 놀기 ②

◉ 아래 글에서 주제문을 찾고, 주제문으로 찾은 이유를 적어 보자.

회의록

기록: 강우정

의제: 고운말을 쓰자
참석자: 3학년 1반 전체
일시: 2020년 12월 17일 오전 10시

배움 놀이터. 글 보며 놀기 ③

◉ 아래 글에서 주제문을 찾고, 주제문으로 찾은 이유를 적어 보자.

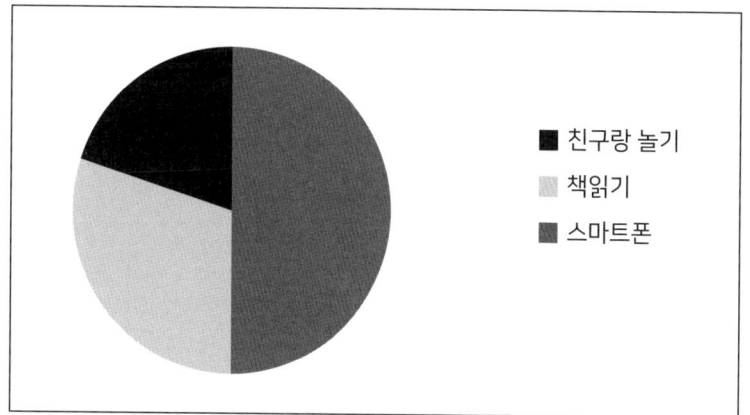

다시 보기

글의 주제문을 찾으려면 문장과 문맥을 잘 읽어야 합니다.
그런데 표글과 그래프글은 숫자를 다루기 때문에 숫자의 문장과 문맥도 잘 읽어야 합니다.
숫자로 글자처럼 문장이 있고, 문맥이 있기 때문입니다.

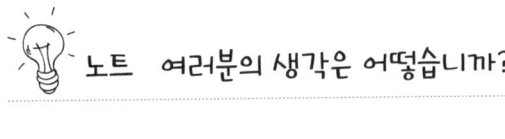 노트   여러분의 생각은 어떻습니까?

표글과 그래프글의 주제문도 문장과 문맥을 잘 읽어야 합니다.

미리 보기. 익힘 놀이터. 글 보며 익히기

◉ 다음 그림과 그림글에서 다른 점을 찾고, 이해하기 더 쉬운 것과 그 이유를 적어 보자.

그림 1. 연필

혼자서도 잘 해요 두 그림은 어떻게 다른가요? 그림은 같은데, 그림 아래 그림의 내용이 연필이라고 써 놓은 것만 다릅니다. 어느 그림이 이해하기 쉽나요? 그림과 함께 글을 적은 것이 더 이해하기 쉽겠지요? 혹시 다르게 보일 수도 있는데 글로 확인해 주니까요. 혹시 다른 이유가 있으면 그것을 적어도 됩니다.

익힘 놀이터. 글 보며 익히기 ①

⊙ 다음 줄글과 문서글에서 이해하기 쉬운 것을 찾아 이유를 적어 보자.

최우정은 이 학교의 학생임을 교장의 도장을 찍어 증명합니다.	학생증 이름: 최우정 학교장 도장꾹

익힘 놀이터. 글 보며 익히기 ②

⊙ 다음 줄글과 표글에서 이해하기 쉬운 것을 찾아 이유를 적어 보자.

	나는 책이 3권, 공책이 10권 있습니다. 친구는 책이 10권 공책이 3권 있습니다.

구분	책	공책
나	3	10
친구	10	3

익힘 놀이터. 글 보며 익히기 ③

⊙ 다음 줄글과 그래프글에서 이해하기 쉬운 것을 찾아 이유를 적어 보자.

내 필통 안에는 연필이 3자루, 볼펜이 4자루, 지우개가 1개 있습니다. 친구의 필통에는 연필이 5자루, 볼펜이 3자루, 지우개가 1개 있습니다.

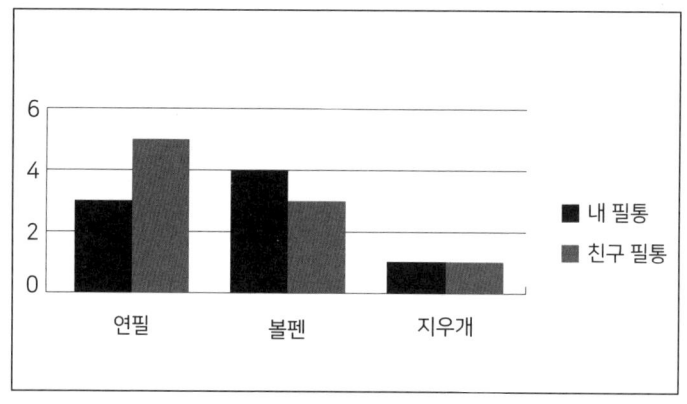

제 5 화

글의 주제문 읽기

첫째, 줄글

제5화 글의 주제문 읽기_첫째, 줄글

줄글은 문장이 줄처럼 이어진 모양을 보고 붙인 말입니다.

줄글은 알고 싶은 '무엇'의 설명이 많아서 길어집니다. 그래서 이해하기 쉬운 친절한 글입니다.

그런데 줄글은 길어서 전체와 부분을 구분해서 읽어야 합니다.

💡 노트 여러분의 생각은 어떻습니까?

줄글은 길어서 전체와 부분을 잘 구분해서 읽어야 합니다.

미리 보기. 배움 놀이터. 그림 보며 놀기

⦿ 다음 그림을 보고, 그림의 부분을 그려 보고, 적어 보자.

혼자서도 잘 해요 🍧 그림은 안경입니다. 그림을 몇 부분으로 구별하여 볼 수도 있겠지요? 일단 안경테와 안경알로 나누어 볼 수 있습니다. 그리고 다시 안경테는 안경틀 부분과 다리 부분으로 나누어 볼 수 있겠지요? 다시 안경틀은 코받침으로 나누어 볼 수 있습니다. 더 나누어 볼 수 있을까요? 이렇게 안경을 보고 전체와 부분으로 나누어 보세요.

배움 놀이터. 그림 보며 놀기 ①

⊙ 다음 그림을 보고, 그림의 부분을 그려 보고, 적어 보자.

배움 놀이터. 그림 보며 놀기 ②

⊙ 다음 그림을 보고, 그림의 부분을 그려 보고, 적어 보자.

배움 놀이터. 글 보며 놀기 ①

⊙ 다음 글을 보고, 글의 부분을 적어 보자.

> 엄마야 누나야
>
> 　　　　　　김소월
>
> 엄마야 누나야 강변 살자
> 뜰에는 반짝이는 금모래빛
> 뒷문 밖에는 갈잎의 노래
> 엄마야 누나야 강변 살자

배움 놀이터. 글 보며 놀기 ②

⊙ 다음 글을 보고, 글의 부분을 적어 보자.

제목

Ⅰ A ① ② ③
　B ① ② ③
　C ① ② ③
Ⅱ A ① ② ③
　B ① ② ③
　C ① ② ③
Ⅲ A ① ② ③
　B ① ② ③
　C ① ② ③

다시 보기

줄글은 자세히 설명하느라 줄이 길어지곤 합니다. 그래서 전체와 부분으로 나누어 구별합니다. 글의 주제문은 각 부분에도 있고, 전체에도 있습니다. 글의 주제문은 전체 글의 주제문입니다. 글의 주제문은 문장을 읽고, 문맥을 읽어, 각 부분 주제문의 흐름을 파악해야 알 수 있습니다.

노트   여러분의 생각은 어떻습니까?

글의 주제문은 부분의 주제문을 읽어야 알 수 있습니다.

익힘 놀이터. 그림 보며 익히기 ①

◉ 다음 그림을 보고, 전체와 부분이 어떻게 연결되어 있는지 적어 보자.

익힘 놀이터. 그림 보며 익히기 ②

⊙ 다음 그림을 보고, 전체와 부분이 어떻게 연결되어 있는지 적어 보자.

익힘 놀이터. 글 보며 익히기 ③

⊙ 다음 기호로 된 글을 보고 글의 주제문을 알기 위해 필요한 부분 주제문을 적어 보자.

```
        제목

    Ⅰ  A ① ② ③
       B ① ②
    Ⅱ  A ① ② ③
       B ① ②
       C ① ②
```

익힘 놀이터. 글 보며 익히기 ④

⊙ 다음 기호로 된 글을 보고 글의 주제문을 알기 위해 필요한 부분 주제문을 적어 보자.

```
        제목

  Ⅰ  A  ①  ②
     B  ①  ②  ③
  Ⅲ  A  ①  ②  ③
     B  ①  ②
```

제 6 화

글의 주제문 읽기

둘째, 문서글

제6화 글의 주제문 읽기_둘째, 문서글

문서글은 줄글에서 반복되는 항목을 찾아보기 쉽게 미리 적어둔 글입니다.
그래서 문서글 읽기의 목적은 검색입니다. 반복되는 일을 할 때 쓰는 글입니다.
그리고 문서글도 글이기 때문에 당연히 주제문이 있습니다.

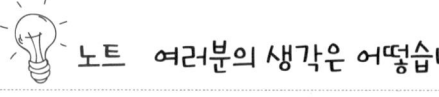 노트   여러분의 생각은 어떻습니까?

문서글은 줄글을 반복할 때 쓰는 글입니다.

미리 보기. 배움 놀이터. 그림 보며 놀기

◉ 다음 그림의 새가 반복하는 일을 적어 보자.

혼자서도 잘 해요 🍦 사람이 반복하는 일에는 어떤 것이 있을까요? 자고, 일어나고, 먹고, 걷고. 그런 일들을 반복합니다. 그림의 새가 반복하는 일에는 어떤 것이 있을까요? 새도 생명체이니 우리와 마찬가지로 자고, 먹고 등 살아가기 위해 필요한 일들을 하겠지요? 그런 일들을 적어 봅니다. 새만의 반복하는 일도 있겠지요?

배움 놀이터. 그림 보며 놀기 ①

◉ 다음 그림의 사람처럼 걸을 때 반복하는 일을 적어 보자.

배움 놀이터. 그림 보며 놀기 ②

⊙ 다음 그림을 보고, 승강기를 탈 때 반복되는 일을 생각하여 적어 보자.

배움 놀이터. 그림 보며 놀기 ③

⊙ 다음 그림의 글을 보고, 반복되는 일을 생각하여 적어 보자.

다시 보기

어찌보면 세상 모든 일은 비슷한 데가 있습니다.

학교에서 공부하는 것과 회사에서 업무를 보는 것, 등·하교와 출·퇴근이 비슷합니다.

그래서 문서글을 작성할 일이 많습니다. 비슷한 일들이 많기 때문입니다.

노트   여러분의 생각은 어떻습니까?

문서글도 글이기 때문에 당연히 주제문이 있습니다.

익힘 놀이터. 문서글 보며 익히기 ①

◉ 다음 시간표글에서 반복되는 것과 바뀌는 것, 그리고 주제문을 적어 보자.

요일 시간	월	화	수	목	금
1교시	국어	수학	국어	국어	창체
2교시	국어	창체	수학	수학	수학
3교시	수학	국어	창체	통합	통합
4교시	안전	통합	통합	안전	국어

익힘 놀이터. 문서글 보며 익히기 ②

⦿ 다음 회원증글에서 반복되는 것과 바뀌는 것, 그리고 주제문을 적어 보자.

회원증

이름: 최우정

위 사람은 우리 도서관의
회원임을 증명합니다

도서관장 도장꾹

제 7 화

글의 주제문 읽기
셋째, 그림글·표글·그래프글

제7화 글의 주제문 읽기_셋째, 그림글·표글·그래프글

그림글은 실제 사물의 모양이니 당연히 사물을 기호로 표시한 글보다 이해가 쉽습니다.
표글과 그래프글은 숫자가 들어 있는 줄글을 한 눈에 볼 수 있는 글입니다.
그래서 표글·그래프글은 꼭 숫자를 잘 읽어야 합니다.

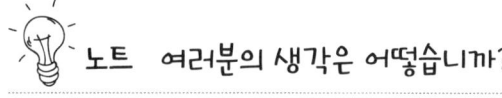 노트   여러분의 생각은 어떻습니까?

표글·그래프글은 숫자를 잘 읽어야 합니다.

미리 보기. 배움 놀이터. 그림 보며 놀기

◉ 다음 그림을 처음 보는 사람도 그림이 무엇인지 알 수 있게 해 보자.

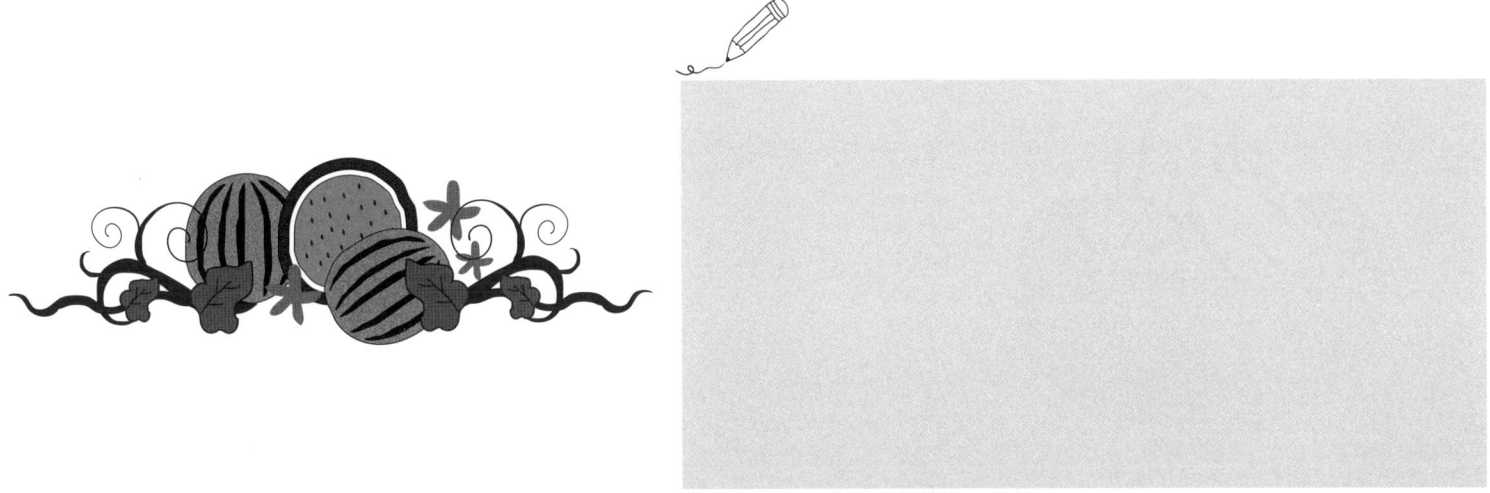

혼자서도 잘 해요 그림은 수박이지요? 여름에 없어서는 안 될 과일입니다. 그런데 모든 사람이 이 과일을 아는 건 아니겠지요? 그래서 이 과일이 수박이라고 알려주고 싶어요. 그러면 어떻게 하는 것이 좋을까요? 아주 간단한 방법이 있지요? 그게 글의 매력이기도 하지요.

배움 놀이터. 그림 보며 놀기 ①

⦿ 다음 그림에서 숫자와 관련된 것을 표글로 적어 보자.

배움 놀이터. 그림 보며 놀기 ②

⦿ 다음 그림에서 아침에 연꽃이 두 송이였는데 오후에 두 송이가 더 있다는 것을 그래프글로 적어 보자.

미리 보기. 배움 놀이터. 글 보며 놀기

⊙ 다음 글을 이해하기 쉽게 그림글을 넣어 적어 보자.

선풍기

혼자서도 잘 해요  세상 모든 사람이 선풍기를 알고 있지는 않겠죠? 그래서 글로 '선풍기'만 써 놓으면 모르는 사람이 있을 거에요. 그럴 땐 눈으로 보고 확인할 수 있도록 '선풍기' 그림글을 같이 적어주면 좋을 것입니다. 물론 사진도 됩니다. 한 번 적어(그려) 보세요.

배움 놀이터. 글 보며 놀기 ①

◉ 다음 줄글을 표글로 적어 보자.

우리집에는 소설책 500권, 시집 1000권이 있다.

배움 놀이터. 글 보며 놀기 ②

⊙ 다음 줄글을 그래프글로 적어 보자.

나는 필통이 2개 있다. 하나는 집에 있고, 하나는 학교에 있다. 집에 있는 필통에는 연필이 3자루, 볼펜이 2자루, 지우개가 1개 있고, 학교에 있는 필통에는 연필이 2자루, 볼펜이 3자리, 지우개가 2개 있다.

다시 보기

건물의 조감도는 건물을 짓지 않아도 다 지은 건물을 한눈에 볼 수 있게 해 줍니다.

표글과 그래프글도 조감도처럼 숫자로 이루어진 줄글의 복잡한 내용을 한눈에 볼 수 있게 해 줍니다.

우리는 표글과 그래프글에서 글의 내용을 한눈에 보고, 주제문도 읽을 수 있습니다.

💡 노트 여러분의 생각은 어떻습니까?

표글과 그래프글도 글이어서 주제문을 읽어야 합니다.

익힘 놀이터. 표글 보며 익히기 ①

◉ 다음 표글의 주제문을 찾아 보자.

(단위: 명)

	1학년	2학년	3학년	4학년	5학년	6학년
학생수	80	90	100	110	120	130

익힘 놀이터. 표글 보며 익히기 ②

⊙ 다음 표글의 주제문을 찾아 보자.

(단위: 표)

	최우정	김협동	이서로
득표수	12	11	10

익힘 놀이터. 표글 보며 익히기 ③

⊙ 다음 그래프글의 주제문을 찾아 보자.

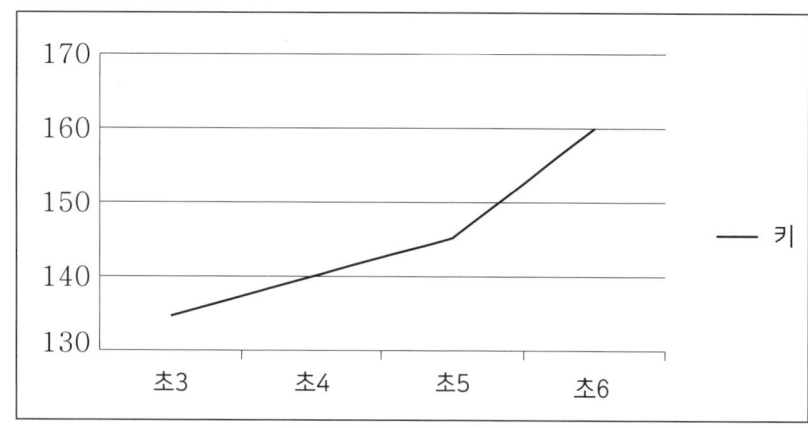

그래프 1. 초3~초6 나의 키 변화

익힘 놀이터. 표글 보며 익히기 ④

◉ 다음 그래프글의 주제문을 찾아 보자.

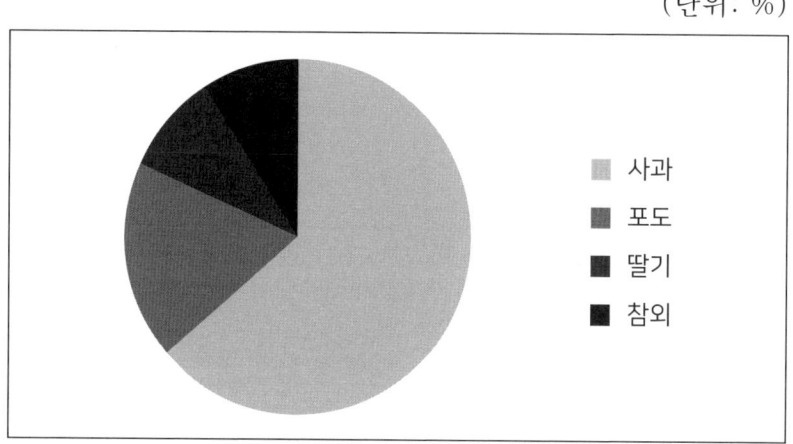

(단위: %)

그래프 1. 우리반 친구들이 좋아하는 과일

숫자 읽기

글자는 사물을 가리킬 때 씁니다. 숫자는 수를 세거나 양을 헤아릴 때 씁니다.
그래서 글자 없이 뜻을 전달할 수 없는 것처럼 숫자 없이도 뜻을 전달할 수 없습니다.
글에는 글자도 있지만 숫자도 있습니다. 그래서 숫자 읽는 법을 알아야 합니다.

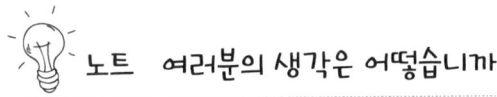 노트   여러분의 생각은 어떻습니까?

숫자는 수를 세거나 양을 헤아릴 때 씁니다.

배움 놀이터. 숫자 보며 놀기 ①

◉ 다음 숫자의 뜻을 생각하여 적어 보자.

| 사과 5개, 100위, 1번 버스, 등번호 7번 선수 |

배움 놀이터. 식 보며 놀기 ②

◉ 다음 식을 줄글로 적어 보자.

$$2 + 3, \quad 3 - 2, \quad 3 \times 2, \quad 4 \div 2$$

배움 놀이터. 식 보며 놀기 ③

◉ 다음 식이 잘못된 이유를 적어 보자.

$$1 + 1 = 1$$

배움 놀이터. 글 보며 놀기 ④

◉ 다음 글이 잘못된 이유를 적어 보자.

| 우유 1병에 우유가 200 들어 있다 |

제 8 화

글 고쳐 읽기

읽고, 이해하고, 기억하고

제8화 글 고쳐 읽기_읽고, 이해하고, 기억하고

문해는 글을 읽고, 이해하고, 기억하는 일입니다.
이때 글은 줄글, 문서글, 그림글·표글·그래프글이 어우러진 것입니다.
줄글, 문서글, 그림글·표글·그래프글을 잘 읽어야 글 전체의 주제문을 알 수 있습니다.

 노트   여러분의 생각은 어떻습니까?

글은 줄글, 문서글, 그림글·표글·그래프글이 어우러진 것입니다.

미리 보기. 배움 놀이터. 그림 보며 놀기

◉ 다음 그림을 보고, 무엇이 어우러져 연필이 되었는지 적어 보자.

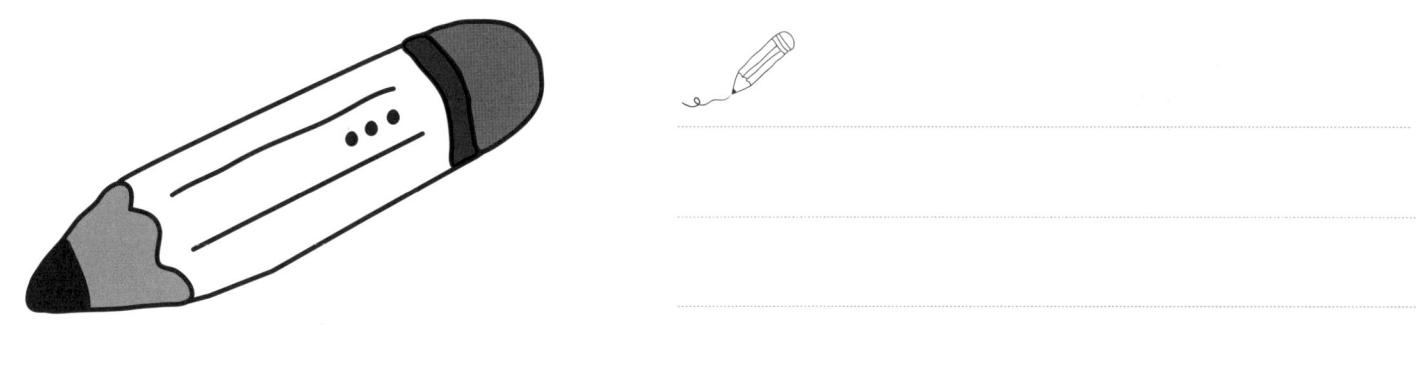

혼자서도 잘 해요 그림은 연필이 맞습니다. 그런데 연필인 것을 어떻게 알았을까요? 첫째, 연필심이 있습니다. 이 심으로 글씨를 쓰지요. 이것이 없으면 쓸 수 없습니다. 그러니 연필이면 꼭 있어야 하는 것이 있습니다. 둘째, 이 심을 둘러 싼 나무가 있습니다. 그래야 심을 쥐고 쓸 수 있게 합니다. 안 쓰는 심도 보호하고요. 셋째, 뒤에는 꼭 있어야 하는 것은 아니지만 있으면 편리한 지우개가 있습니다. 이런 것을 보아 연필인 것을 알 수 있겠지요?

배움 놀이터. 그림 보며 놀기 ①

◉ 다음 그림을 보고, 무엇이 어우러져 선풍기가 되었는지 적어 보자.

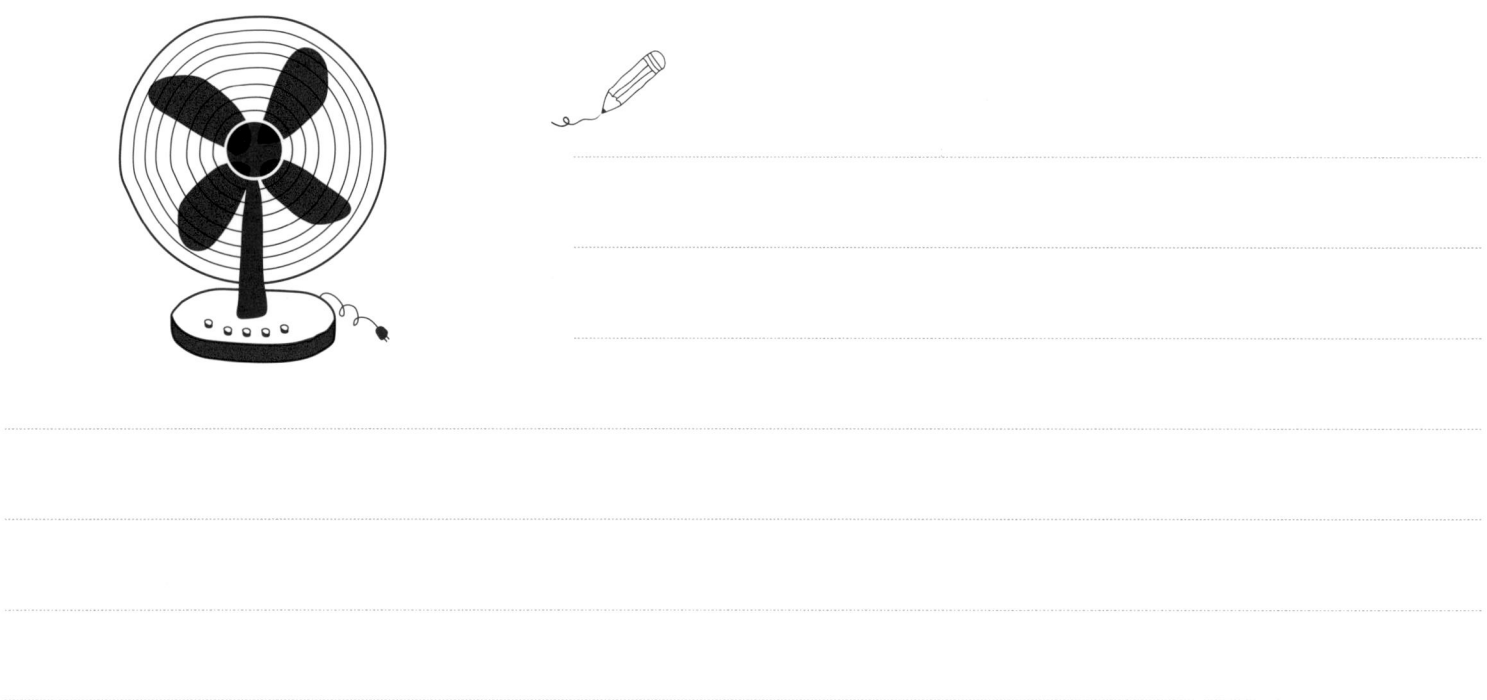

배움 놀이터. 그림 보며 놀기 ②

◉ 다음 그림을 보고, 무엇이 어우러져 젓가락이 되었는지 적어 보자.

미리 보기. 배움 놀이터. 글 보며 놀기

⊙ 다음 글 속에 있는 글의 종류를 찾아 적어 보자.

> 보내는 사람 (12345)
> 우정시 우정구 우정로 100 김우정
>
> 받는 사람 (67890)
> 행복시 행복구 행복로 100 이행복 귀하

혼자서도 잘 해요 글자가 있고, 뜻이 있으니 글입니다. 이 글 속에는 여러 가지 글이 어우러져 있습니다. 그것이 무엇인지 찾는 것입니다. 보내는 사람이 누구이고, 받는 사람이 누구인지 구분해서 검색하기 좋게 쓴 글입니다. 검색이 목적인 글은 문서이니 문서글이 있습니다. 여기서 반복되는 항목은 보내는 사람, 받는 사람입니다.

배움 놀이터. 글 보며 놀기 ①

◉ 다음 글 속에 있는 글의 종류를 찾아 적어 보자.

제품 보증서

본 제품의 보증 기간은 구입한 날로부터 1년입니다.

제품명:_____

고객명:_____

구입한 곳:_____

만든곳 도장꾹

배움 놀이터. 글 보며 놀기 ②

⊙ 다음 글 속에 있는 글의 종류를 찾아 적어 보자.

> 아라비아 숫자의 유래
>
> 아래 그림이 아라비아 숫자입니다. 모두 10개입니다. 10개의 숫자로 세상의 모든 수를 표현할 수 있다니 정말 놀랍습니다. 또한 그 수로 세상의 여러 가지 일을 표현할 수 있다니 더욱 놀랍습니다.
>
> 1 2 3 4 5 6 7 8 9 0
>
> 그림1. 아라비아 숫자

미리 보기. 배움 놀이터. 글 보며 놀기

⊙ 다음 글의 주제문을 적어 보자.

> 일반 의약품 정보
>
> 이 내용은 소비자의 안전한 선택을 위해 허가사항을 요약한 것으로 사용(복용) 전 반드시 첨부문서를 확인할 것.
> 【유효성분】1정 중, 아세트아미노펜(USP) 500mg
> 【효능·효과】감기로 인한 발열 및 통증, 두통·신경통·근육통·월경통·삔 통증·치통·관절통·류마티성통증

혼자서도 잘 해요  글 속에 여러 가지 글이 있을 때 주제문은 무엇일까요? 글 속에 여러 글이 어우러져 있어도 주제문은 하나입니다. 왜냐하면 글 속에 어우러져 있는 글은 전체 글의 일부분이기 때문입니다. 즉 일부분의 주제문입니다. 일부분이 여러 개 어우러져 전체 글이 되고, 전체 글의 주제문이 되는 것입니다. 윗글은 일반 의약품 정보를 알리겠다는 제목 아래, 먹기(복용) 전에 반드시 읽어 보라고 합니다. 그것이 주제문입니다. 그 안에 유효성분, 효능·효과 등을 문서글의 형태로 알려주는 것이죠. 하여간 주제문은 하나입니다.

배움 놀이터. 글 보며 놀기 ①

⊙ 다음 글의 주제문을 적어 보자.

체험학습

1학기 체험학습 시기가 가까워졌다. 우리반도 체험학습에 무엇을 할지 의견이 나오기 시작했다. 여러 의견은 연극보러 가는 것으로 좁혀졌다. 그런데 대다수는 아닌 것 같았다. 하는 수 없이 찬반 투표에 붙이기로 하였다. 결과는 아래 그래프와 같다.

(단위: 표)

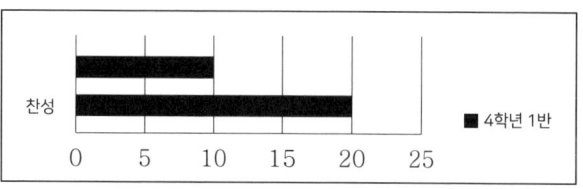

그래프 1. 4학년 1반 체험학습 찬반 투표 결과

116

배움 놀이터. 글 보며 놀기 ②

⊙ 다음 글의 주제문을 적어 보자.

송금하기

　오늘 처음으로 통장을 만들었다. 은행에 통장을 만들고 싶다고 했더니 친절하게 안내해 주었다. 스마트폰에서 계좌의 잔액을 조회할 수 있다고 해서 스마트폰 사용 신청도 했다. 그리고 아래와 같은 은행코드표를 받았다. 은행에 따라 코드를 넣어야 한다고 했다. 나는 시험 삼아 엄마에게 송금해 보기로 했다. 엄마의 통장은 국민은행이어서 나는 국민은행코드를 입력했다.

코드	기관명	코드	기관명
001	한국은행	006	우리은행
002	산업은행	007	수협은행
003	기업은행	008	수출입은행
004	국민은행	009	신한은행
005	하나은행	010	카카오뱅크

다시 보기

글은 사람이 씁니다. 그런데 사람은 완벽하지 못합니다. 그래서 종종 잘못된 글을 보게 됩니다. 우리는 '달'을 '해'로 잘못 말하는 사람을 보곤 합니다. 그때 '달'이 맞느냐고 물어봅니다.

글을 읽을 때는 고쳐 읽어야 합니다. 그렇게 잘 읽으면, 이해할 수 있고, 기억할 수 있습니다.

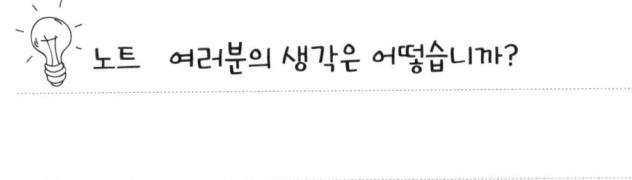
노트   여러분의 생각은 어떻습니까?

잘못된 글을 보면 고쳐 읽어야 합니다.

익힘 놀이터. 그림 보며 익히기 ①

◉ 다음 그림에서 책상 다리가 부러졌다면 어떻게 해야 할까?

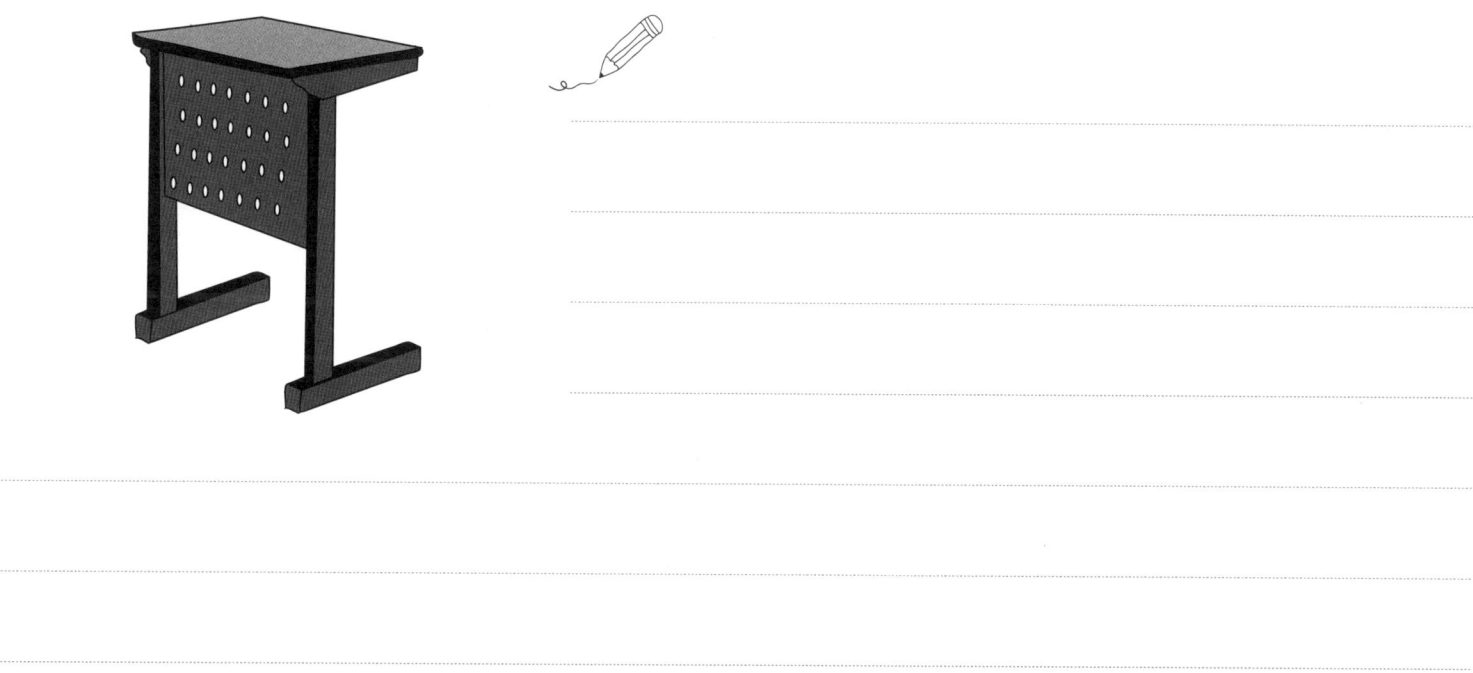

익힘 놀이터. 그림 보며 익히기 ②

⊙ 다음 그림에서 등받이가 부러졌다면 어떻게 해야 할까?

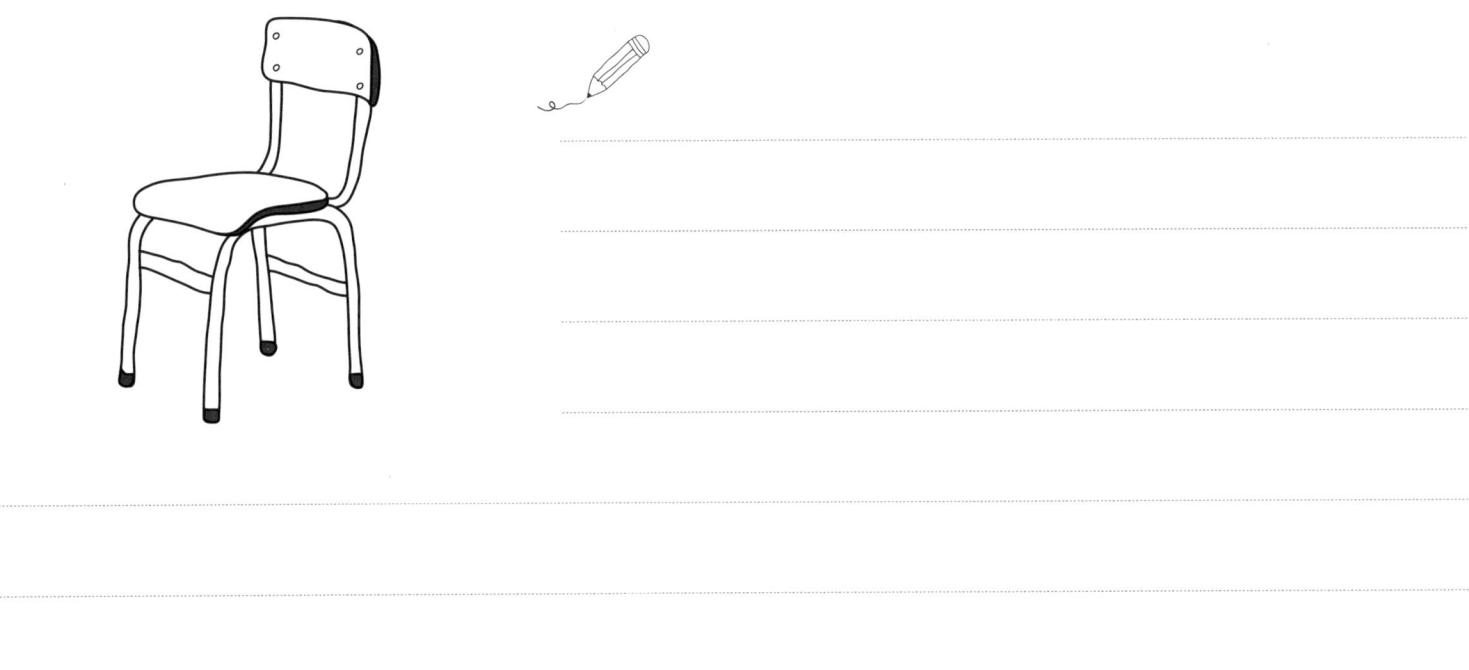

익힘 놀이터. 낱말 보며 익히기 ①

◉ 다음 낱말이 '지구'를 잘못 쓴 것이라면 어떻게 해야 할까?

지귀

익힘 놀이터. 낱말 보며 익히기 ②

⊙ 다음 낱말을 어른에게 썼다면 어떻게 해야 할까?

점심 <u>먹어</u>.

익힘 놀이터. 문장 보며 익히기 ①

◉ 다음 문장을 고쳐 읽어 보자.

| 더운데 바람아 불어 시원하다. |

익힘 놀이터. 문장 보며 익히기 ②

◉ 다음 문장을 고쳐 읽어 보자.

사람들은 큰 차에 나무에 잔뜩 실었다.

익힘 놀이터. 문맥 보며 익히기 ①

⦿ 다음 문맥을 고쳐 읽어 보자.

밤새 비가 왔다. 아침이 되어도 그치지 않았다. 오후에도 그쳤다.

익힘 놀이터. 문맥 보며 익히기 ②

◉ 다음 문맥을 고쳐 읽어 보자.

어느날 갑자기 책을 보고 싶어졌다. 아마도 책의 재미를 미리 알게 된 것 같다.

익힘 놀이터. 글 보며 익히기 ①

⊙ 다음 글을 고쳐 읽어 보자.

글꽃

　세상엔 참 꽃이 적다. 개나리, 진달래, 들국화는 물론 이름 모를 꽃까지 세면 끝이 없을 정도다. 그 중에서 가장 좋아하는 꽃이 무엇이냐고 물으면 주저 하며 진달래라고 콕 집어 말할 것이다. 그 붉음이 참 싫기 때문이다. 진하지도 연하지도 않은 색은 한참 들여다 봐도 지루하다. 나의 최에 꽃은 진달래다.

익힘 놀이터. 글 보며 익히기 ②

⊙ 다음 글을 고쳐 읽어 보자.

도형의 성질

오른쪽 그림이 삼각형이다. 그림에서
알 수 있듯이 삼각형의 각은 6개이고,
변은 4개이다. 이와 같이 사각형의
고유의 특성을 삼각형의 성질이라고 한다.

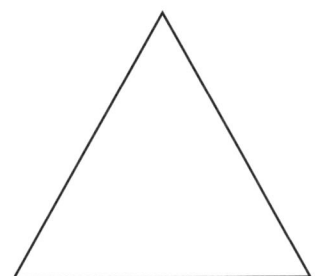

해설

제1화 우리가 글을 읽을 때까지

13쪽. 미리보기. 배움 놀이터. 그림 보며 놀기

예시) 집에서 안 쓰는 물건들을 가지고 나왔다. 벼룩시장에서 판매했다. 자동차를 타고 놀러갔다.

해설) 누구든지 인정할 수 있는 것이면 예시가 될 수 있습니다.

14쪽. 배움 놀이터. 그림 보며 놀기①

예시) 엄마랑 벼룩시장에 갔다. 옷을 하나 사고 차를 탔다. 오는 길에 처음 볼 만큼 큰 산을 보았다.

해설) 누구든지 인정할 수 있는 것이면 예시가 될 수 있습니다.

15쪽. 배움 놀이터. 그림 보며 놀기②

예시) 앞 그림이 보이지 않아 상상하기 힘들다.

해설) 누구든지 인정할 수 있는 것이면 예시가 될 수 있습니다.

16쪽. 미리보기. 배움 놀이터. 글 보며 놀기①

정답) 거기서 친구를 만났다.

17쪽. 배움 놀이터. 글 보며 놀기①

정답) 다음 이야기를 기대하며 읽기 시작했다.

18쪽. 배움 놀이터. 글 보며 놀기②

정답) 우리반 모두 함께 영화를 보았다.

20쪽. 익힘 놀이터. 그림 보며 익히기①

예시) 학교가 끝났다. 엄마가 차로 데릴러 오셨다. 집에 가는 길에 과일 가게에 들렀다.

해설) 누구든지 인정할 수 있는 것이면 예시가 될 수 있습니다.

21쪽. 익힘 놀이터. 그림 보며 익히기②

예시) 과일 가게를 지났다. 학원에 도착했다. 차를 타고 집으로 왔다.

해설) 누구든지 인정할 수 있는 것이면 예시가 될 수 있습니다.

22쪽. 익힘 놀이터. 글 보며 익히기①

정답) 군데 군데 푸르스름한 것으로 보아 사과는 덜 익은 것 같다.

23쪽. 익힘 놀이터. 글 보며 익히기②

정답) 우리집 강아지가 무척 좋아한다.

제2화 글이 무엇일까

27쪽. 미리보기. 배움 놀이터. 글 구별하며 놀기
정답) ①, 줄글
해설) 소설 등 줄 형식에 맞춘 글은 줄글입니다.

28쪽. 배움 놀이터. 글 구별하며 놀기①
예시) ③, 문서글
해설) 체험학습 보고서, 상장 등과 같이 양식이 있는 글은 문서글입니다.

29쪽. 배움 놀이터. 글 구별하며 놀기②
예시) ③, 표글
해설) 표의 형태의 글은 표글입니다. 보통 글을 생략해서 표라고 합니다.

31쪽. 익힘 놀이터. 글 구별하며 익히기①
예시) 논설문, 논문, 칼럼, 설명문, 서평, 독후감 등
해설) 줄글에 해당하는 글을 찾아 적습니다.

32쪽. 익힘 놀이터. 글 구별하며 익히기②
예시) 자격증, 체험활동 신청서, 자동차등록증 등
해설) 문서글에 해당하는 글을 찾아 적습니다.

33쪽. 익힘 놀이터. 글 구별하며 익히기③
예시)

그림 1. 사과

해설) 그림에 해당하는 예의 그림에 그림번호, 그림 내용을 적습니다.

34쪽. 익힘 놀이터. 글 구별하며 익히기④
해설) 수업시간표글을 적으면 됩니다.

35쪽. 익힘 놀이터. 글 구별하며 익히기⑤
예시) 원그래프글, 꺾은선그래프글 등
해설) 막대그래프글을 적으면 됩니다.

제3화 글의 주제가 무엇일까

39쪽. 미리보기. 배움 놀이터. 그림 보며 놀기
예시) 승강기가 고장 났다. 하는 수 없이 비상구로 내려 왔다. 드디어 내가 찾던 화장실 안내 팻말이 보였다.
해설) 누구든지 인정할 수 있는 것이면 예시가 될 수 있습니다.

40쪽. 배움 놀이터. 그림 보며 놀기①
예시) 화장실 안내 팻말을 보았다. 승강기를 타고 올라가려고 했더니 고장이 나 있었다. 결국 비상구로 올라왔다.
해설) 누구든지 인정할 수 있는 것이면 예시가 될 수 있습니다.

41쪽. 배움 놀이터. 그림 보며 놀기②
예시) 비상구가 보여서 오랜만에 계단으로 내렸왔다. 마침 야외 화장실 안내 팻말을 보았다. 그렇게 한참 산책하다 올라갈 때는 승강기를 탔다.
해설) 누구든지 인정할 수 있는 것이면 예시가 될 수 있습니다.

42쪽. 미리보기. 배움 놀이터. 글 보며 놀기
정답) (사람들이 모두 모였다. 사회자가 멋진 농담을 했다.) 사람들이 웃었다.

43쪽. 배움 놀이터. 글 보며 놀기①
정답) (전화가 왔다. 친구가 내일 만나자고 했다.) 내일 친구와 만나기로 했다.

44쪽. 배움 놀이터. 글 보며 놀기②
정답) 증서의 사람은 졸업했다.
해설) 누구든지 인정할 수 있는 것이면 예시가 될 수 있습니다.

45쪽. 배움 놀이터. 글 보며 놀기③
예시) 4월 바나나 수입이 3월보다 10배 증가했다.
해설) 누구든지 인정할 수 있는 것이면 예시가 될 수 있습니다.

47쪽. 익힘 놀이터. 글 보며 익히기①
예시) 와이파이가 안 터져 카톡을 할 수 없었다. 직접 계단으로 내려갔다. 갔다 와서 더워 에어컨을 켰다. 등
해설) 누구든지 인정할 수 있는 것이면 예시가 될 수 있습니다.

48쪽. 익힘 놀이터. 글 보며 익히기②
정답) (지금 오후 1시다. 나는 기차역에 1시 30분에 도착했다.) 기차는 2시 정각에 출발했다.

49쪽. 익힘 놀이터. 글 보며 익히기③

정답) 학생증의 사람은 학생임을 증명한다.

50쪽. 익힘 놀이터. 글 보며 익히기④

예시) 더우면 에어컨을 사용하세요.

해설) 누구든지 인정할 수 있는 것이면 예시가 될 수 있습니다.

51쪽. 익힘 놀이터. 글 보며 익히기⑤

예시) 공책 가격은 연필 가격의 2배이다.

해설) 누구든지 인정할 수 있는 것이면 예시가 될 수 있습니다.

52쪽. 익힘 놀이터. 글 보며 익히기⑥

예시) 2년 간 평균 성장 길이는 5cm이다.

해설) 누구든지 인정할 수 있는 것이면 예시가 될 수 있습니다.

제4화 글의 주제문을 찾는 아주 쉬운 방법

55쪽. 미리보기. 배움 놀이터. 그림 보며 놀기

주제문) 사과가 하나씩 늘어난다.

이유) 그림이 사과(문장), 하나씩 늘어남(문맥)

56쪽. 배움 놀이터. 그림 보며 놀기①

주제문) 사과가 하나씩 줄어든다.

이유) 그림이 사과(문장), 하나씩 줄어듬(문맥)

57쪽. 배움 놀이터. 그림 보며 놀기②

주제문) 사과2개와 사과3개의 차이는 사과1개다.

이유) 그림이 사과(문장), 2개와 3개의 차이가 1개임(문맥)

58쪽. 미리보기. 배움 놀이터. 글 보며 놀기

주제문) 한 자루가 남았다.

이유) 사고, 줬고, 남았다.(문맥)

59쪽. 배움 놀이터. 글 보며 놀기①

주제문) 이상하게 아무도 없었다.

이유) 소리가 나고, 돌아 보고, 아무도 없었다.(문맥)

60쪽. 배움 놀이터. 글 보며 놀기②

주제문) 3학년 1반 전체가 '고운말을 쓰자'는 의제로 회의를 했다.

이유) 회의록은 회의 내용을 적은 글이기 때문이다.

61쪽. 배움 놀이터. 글 보며 놀기③
주제) 나의 마음은 스마트폰으로 놀기가 반이다.
해설) 누구든지 인정할 수 있는 것이면 예시가 될 수 있습니다.

63쪽. 미리보기. 익힘 놀이터. 그림 보며 익히기
정답) 그림글
해설) 그림과 그림을 확인해 주는 글이 있어 이해하기 쉽다.

64쪽. 익힘 놀이터. 글 보며 익히기①
정답) 문서글
해설) 학생임을 증명하는 내용을 한 눈에 볼 수 있는 문서글(학생증)이 이해하기 쉽다.

65쪽. 익힘 놀이터. 글 보며 익히기②
정답) 표글
해설) 한 눈에 볼 수 있는 항목과 숫자로 이해하기 쉽다.

66쪽. 익힘 놀이터. 글 보며 익히기③
정답) 그래프글
해설) 한 눈에 볼 수 있는 항목과 숫자로 이해하기 쉽다.

제5화 글의 주제문 읽기
_첫째, 줄글

69쪽. 미리보기. 배움 놀이터. 그림 보며 놀기
정답) 안경 / 안경알, 안경틀, 다리, 코받침 등
해설) 무엇이든 전체와 부분이면 됩니다.

70쪽. 배움 놀이터. 그림 보며 놀기①
정답) 안경 / 안경알, 안경틀, 다리, 다리 나사, 코받침 등
해설) 무엇이든 전체와 부분이면 됩니다.

71쪽. 배움 놀이터. 그림 보며 놀기②
정답) 안경 / 안경알, 안경알 연결고리, 안경틀, 안경줄, 안경줄 조절틀 등
해설) 무엇이든 전체와 부분이면 됩니다.

72쪽. 배움 놀이터. 글 보며 놀기①
정답) 시 / 제목, 본문, 연, 문장, 낱말, 글자
해설) 무엇이든 전체와 부분이면 됩니다.

73쪽. 배움 놀이터. 글 보며 놀기②
정답) 단락: Ⅰ, Ⅱ, Ⅲ. 문단: A, B, C. 문장: ①, ②, ③
해설) 무엇이든 전체와 부분이면 됩니다.

75쪽. 익힘 놀이터. 그림 보며 익히기①
정답) 그림(전체)은 볍씨와 삽으로 연결되어 있다.

76쪽. 익힘 놀이터. 그림 보며 익히기②
정답) 그림(전체)은 잠자리와 벼로 연결되어 있다.

77쪽. 익힘 놀이터. 글 보며 익히기③
정답) Ⅰ단락 A문단의 주제, B문단의 주제, Ⅰ단락의 주제.
　　 Ⅱ단락 A문단의 주제, B문단의 주제, C문단의 주제, Ⅱ단락의 주제

78쪽. 익힘 놀이터. 글 보며 익히기④
정답) Ⅰ단락 A문단의 주제, B문단의 주제, Ⅰ단락의 주제.
　　 Ⅱ단락 A문단의 주제, Ⅱ단락의 주제
　　 Ⅲ단락 A문단의 주제, B문단의 주제, Ⅲ단락의 주제

제6화 글의 주제문 읽기
_둘째, 문서글

81쪽. 미리보기. 배움 놀이터. 그림 보며 놀기
예시) 날다, 먹이를 찾는다 등
해설) 새가 반복하여 하는 일이면 어떤 것도 해당합니다.

82쪽. 배움 놀이터. 그림 보며 놀기①
예시) 발을 뗀다, 땅을 찬다, 앞으로 나아간다, 발을 땅에 내딛는다 등
해설) 걸을 때 반복하여 하는 일이면 어떤 것도 해당합니다.

83쪽. 익힘 놀이터. 그림 보며 놀기②
예시) 위, 아래 버튼을 누른다, 승강기를 기다린다, 승강기를 탄다, 내린다 등
해설) 승강기를 탈 때 반복하여 하는 일이면 어떤 것도 해당합니다.

84쪽. 익힘 놀이터. 그림 보며 놀기③

예시) 와이파이 접속 방법을 묻는다, 와이파이 접속 방법을 알려 준다 등

해설) 와이파이에 접속할 때 반복하여 하는 일이면 어떤 것도 해당합니다.

86쪽. 익힘 놀이터. 문서글 보며 익히기①

정답) 반복되는 것: 시간, 요일. 바뀌는 것: 과목. 주제: 시간표는 다음과 같다.

해설) 문서글에서 반복되는 것(항목)과 바뀌는 것(내용), 그리고 문서글이 나타내는 것을 찾습니다.

87쪽. 익힘 놀이터. 문서글 보며 익히기②

정답) 반복되는 것: 회원증, 이름, 위 사람은 우리 도서관의 회원임을 증명합니다. 도서관장 도장꾹. 바뀌는 것: 최우정. 주제: 최우정은 우리 도서관의 회원임을 증명한다.

해설) 문서글에서 반복되는 것(항목)과 바뀌는 것(내용), 그리고 문서글이가 나타내는 것을 찾습니다.

제7화 글의 주제문 읽기

_셋째, 그림글·표글·그래프글

91쪽. 미리보기. 배움 놀이터. 그림 보며 놀기

예시) 그림 밑에 그림이 수박이라고 써서 알린다.

해설) 다른 방법을 제시하고 좋다면 칭찬해 주세요.

92쪽. 배움 놀이터. 그림 보며 놀기①

예시)

과일	갯수
참외	3

해설) 다른 방법을 제시하고 좋다면 칭찬해 주세요.

93쪽. 배움 놀이터. 그림 보며 놀기②

예시)

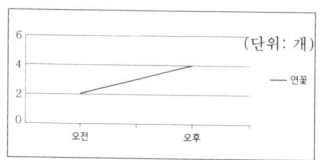

해설) 다른 방법을 제시하고 좋다면 칭찬해 주세요.

94쪽. 미리보기. 배움 놀이터. 글 보며 놀기

예시) 선풍기 그림을 그리고 그 밑에 그림이 선풍기라고 써서 알린다.

해설) 다른 방법을 제시하고 좋다면 칭찬해 주세요.

95쪽. 배움 놀이터. 글 보며 놀기①

예시)

구분	소설책	시집
		(단위: 권)
책	500	1000

해설) 다른 방법을 제시하고 좋다면 칭찬해 주세요.

96쪽. 배움 놀이터. 글 보며 관찰하며 놀기②

예시)

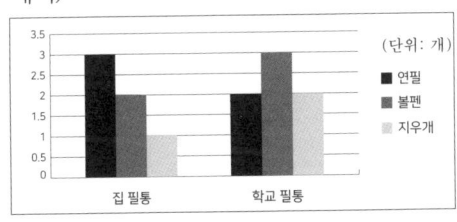

그래프 1. 나의 집 필통과 학교 필통의 필기구 내역

해설) 다른 방법을 제시하고 좋다면 칭찬해 주세요.

98쪽. 익힘 놀이터. 표를 보며 익히기①

정답) 한국초등학교의 학생수는 표와 같다. 서울초등학교의 학생수는 표와 같은데, 학년이 내려갈수록 줄어든다.

해설) 다른 방법을 제시하고 좋다면 칭찬해 주세요.

99쪽. 익힘 놀이터. 표를 보며 익히기②

정답) 한국초등학교의 4학년 1반 반장 건거 결과는 표와 같은데, 최우정이 12표 득표해서 당선되었다.

해설) 다른 방법을 제시하고 좋다면 칭찬해 주세요.

100쪽. 익힘 놀이터. 표를 보며 익히기③

정답) 초3~초6 나의 키 변화는 그래프와 같다. 서울초등학교의 학생수는 표와 같은데, 초5에서 초6이 될 때 15cm나 컸다.

해설) 다른 방법을 제시하고 좋다면 칭찬해 주세요.

101쪽. 익힘 놀이터. 표를 보며 익히기④

정답) 우리반 친구들이 좋아하는 과일은 그래프와 같다. 우리반 친구들이 좋아하는 과일은 그래프와 같은데, 사과가 가장 많다.

해설) 다른 방법을 제시하고 좋다면 칭찬해 주세요.

103쪽. 배움 놀이터. 숫자 보며 놀기①
정답) 사과 5개: 개수. 100위: 순위. 1번 버스, 등번호 7번 선수: 버스, 선수 구별 표시.

해설) 숫자의 뜻은 세는 것, 순서, 명명(이름 붙인 것)입니다.

104쪽. 배움 놀이터. 숫자 보며 놀기②
예시) 2개에 3개를 보태다. 3개에서 2개를 덜어 내다. 3개에 3개를 2번 보태다. 4개에서 2개씩 덜어 내다.(결과 2번 덜어 냄)

해설) 더하기(+)는 한 쪽에 보태다. 빼기(-)는 한 쪽에서 덜어 내다. 곱하기(×)는 더하기를 반복하다. 나누기(÷)는 한 쪽에서 제수(나누는 수)만큼 제하다.(덜어 내다.)

105쪽. 배움 놀이터. 숫자 보며 놀기③
정답) 셀 때 1개에 1개를 보태면 2개이므로 잘못되었다.

해설) 더하기(+)는 한 쪽에 보태는 것입니다.

106쪽. 배움 놀이터. 숫자 보며 놀기④
정답) 우유는 양이기 때문에 셀 수 없고, 헤아린다. 그래서 ml 등 양의 단위를 써야 한다.

해설) 양을 헤아릴 때는 단위로 구분해야 합니다.

제8화 글 고쳐 읽기
_읽고, 이해하고, 기억하고

109쪽. 미리보기. 배움 놀이터. 그림 보며 놀기
예시) 그림에서 연필임을 알 수 있는 것들이면 됩니다.

해설) 예시 답안과 다른 것이 있으면 칭찬해 주세요.

110쪽. 배움 놀이터. 그림 보며 놀기①
예시) 첫째, 바람을 일으키는 날개가 있다. 둘째, 모터를 돌릴 수 있는 전기 장치가 있다 등

해설) 그림에서 선풍기임을 알 수 있는 것들이면 됩니다.

111쪽. 배움 놀이터. 그림 보며 놀기②
예시) 첫째, 길이가 적당해서 손으로 잡을 수 있다. 둘째, 굵기가 적당해서 음식을 집을 수 있다 등

해설) 그림에서 젓가락임을 알 수 있는 것들이면 됩니다.

112쪽. 미리보기. 배움 놀이터. 글 보며 놀기

정답) 문서글
해설) 글 속에 있는 글을 찾아 봅니다.

113쪽. 배움 놀이터. 글 보며 놀기①

정답) 글: 문서글. 글 속의 글: 줄글, 문서글
해설) 글 속에 있는 글을 찾아 봅니다. 본 제품의 보증 기간은 구입한 날로부터 1년입니다: 줄글. 제품명 등: 문서글.

114쪽. 배움 놀이터. 글 보며 놀기②

예시) 글: 줄글. 글 속의 글: 그림글
해설) 글 속에 있는 글을 찾아 봅니다. 아라비아 숫자의 유래를 설명하는 글에 아라비아 숫자를 보여주는 그림글을 넣었다.

115쪽. 미리보기. 배움 놀이터. 글 보며 놀기

정답) 이 약을 먹기(복용) 전에 반드시 첨부문서를 확인할 것.
해설) 글 전체에서 하고 싶은 말이 주제문입니다. 유효성분 등은 글의 일부분입니다.

116쪽. 배움 놀이터. 글 보며 놀기①

예시) 4학년 1반 체험학습 찬반 투표 결과는 그래프와 같다, 4학년 1반 체험학습 투표 결과 찬성이 20표로 연극보러 간다로 결정되었다 등
해설) 글 전체에서 하고 싶은 말이 주제입니다.

117쪽. 배움 놀이터. 글 보며 놀기②

정답) 나는 엄마에게 송금하기 위해 은행코드 004를 입력했다.
해설) 글 전체에서 하고 싶은 말이 주제문입니다. 여기서 표글은 은행코드를 확인하기 위해 보여준 것입니다.

119쪽. 익힘 놀이터. 그림 보며 익히기①

예시) 다리를 고친다 등

120쪽. 익힘 놀이터. 그림 보며 익히기②

예시) 등받이를 고친다 등

121쪽. 익힘 놀이터. 낱말 보며 익히기①

예시) '지구'로 고쳐 쓴다.

122쪽. 익힘 놀이터. 낱말 보며 익히기②
예시) '드세요'로 고쳐 말한다.

123쪽. 익힘 놀이터. 문장 보며 익히기①
예시) '바람이'로 고쳐 읽는다.

124쪽. 익힘 놀이터. 문장 보며 익히기②
예시) '나무를'로 고쳐 읽는다.

125쪽. 익힘 놀이터. 문맥 보며 익히기①
예시) 오후에도 그치지 않았다, 오후에는 그쳤다 등

126쪽. 익힘 놀이터. 문맥 보며 익히기②
예시) '미리' 삭제

127쪽. 익힘 놀이터. 글 보며 익히기①
예시) 제목: 진달래꽃. 세상엔 참 꽃이 많다. 개나리, 진달래, 들국화는 물론 이름 모를 꽃까지 세면 끝이 없을 정도다. 그 중에서 가장 좋아하는 꽃이 무엇이냐고 물으면 주저 없이 진달래라고 콕 집어 말할 것이다. 그 붉음이 참 좋기 때문이다. 진하지도 연하지도 않은 색은 한참 들여다 봐도 지루하지 않다. 나의 최애 꽃은 진달래다.

129쪽. 익힘 놀이터. 글 보며 익히기②
예시) 제목: 삼각형의 성질. 오른쪽 그림이 삼각형이다. 그림에서 알 수 있듯이 삼각형은 각이 3개이고, 변이 3개이다. 이와 같이 삼각형의 고유의 특성을 삼각형의 성질이라고 한다.

서감도의 책들

문맥읽기의 짜릿함
문장과 문장, 글과 글, 책과 책 사이를 읽는 기술
강병재 지음 | 221쪽 | 2018.8 | 서감도

글을 읽을 때, 우리가 읽는 것의 핵심은 문맥이다. 이 책은 독서에서 가장 오래된 조언, 문맥을 읽으라는 아주 짧은 말을 차분하게 풀어낸다. 낱말과 낱말, 구와 구, 절과 절, 문장과 문장, 문단과 문단, 단락과 단락, 글과 글, 책과 책 사이. 글이라면 들어 있을 수 밖에 없는 문맥을 보여주고, 읽는 법을 설명한다. 그래서 읽고, 이해하고, 선명하게 기억하는 진짜 읽기를 소개한다.

나도 3개월이면 문장 박사
읽기능력 향상 프로그램①
강병재 지음 | 152쪽 | 2018.10 | 서감도

많이 읽으면 잘 읽게 되지 않는가! 하지만 이 말은 반은 맞고 반은 맞지 않습니다.
기본기를 갖추지 않고 연습하면 오히려 잘못된 습관을 들일 수 있기 때문입니다.
모든 것에는 기본이 있습니다. 문장 읽기 역시 기본이 있습니다.
문장을 읽기 전에 알고 있어야 하는 것은 무엇인지,
문장은 어떻게 생겼는지,
문장의 뜻은 무엇인지,
문장의 뜻은 어떻게 이루어지는지,
문장을 이해한다는 것은 어떤 과정을 거치는지 등등
그렇게 문장의 기본을 알아야 합니다. 이 책이 그 과정을 친절하게 안내할 것입니다.